我们和时代一起奔跑

写给新就业形态劳动者的十二封信

耿晓利◎著

WE RUN WITH THE TIMES

12 LETTERS TO NEW FORMS OF EMPLOYMENT WORKERS

中国工人出版社

图书在版编目（CIP）数据

我们和时代一起奔跑：写给新就业形态劳动者的十二封信／耿晓利著. —北京：中国工人出版社，2023.9
ISBN 978-7-5008-8285-5

Ⅰ.①我…　Ⅱ.①耿…　Ⅲ.①劳动就业－基本知识－中国　Ⅳ.①D669.2

中国国家版本馆CIP数据核字（2023）第177197号

我们和时代一起奔跑：写给新就业形态劳动者的十二封信

出 版 人　董　宽
责任编辑　王学良　时秀晶
责任校对　张　彦
责任印制　栾征宇
出版发行　中国工人出版社
地　　址　北京市东城区鼓楼外大街45号　邮编：100120
网　　址　http://www.wp-china.com
电　　话　（010）62005043（总编室）
　　　　　（010）62005039（印制管理中心）
　　　　　（010）62046408（职工教育分社）
发行热线　（010）82029051　62383056
经　　销　各地书店
印　　刷　宝蕾元仁浩（天津）印刷有限公司
开　　本　880毫米×1230毫米　1/32
印　　张　4.5
字　　数　50千字
版　　次　2023年10月第1版　2025年11月第2次印刷
定　　价　28.00元

本书如有破损、缺页、装订错误，请与本社印制管理中心联系更换

序　言

我是“耿师傅”

我叫耿晓利，是江苏泰州市总工会的党组书记、副主席。你肯定很奇怪，为什么一个跟我八竿子打不着的人，要给我写信。可能更让你惊讶的是，我曾经还是一名网约车司机，是许多网约车司机眼中的“耿师傅”。

或许因为亲身经历，所以印象深刻。那段网约车司机的经历，让我深刻体验到，网约车司机、货车司机、外卖员、快递员等新就业形态劳动者生活的不易。同时，因为自己工会负责人的身份，又可以让我从政策制定和执行的角度，了解你们许多不知道的信息。为此，我希望自己的“双重身份”，让我化为一座信息的桥梁，与你分享有关我们工会和我“自己”的故事。

先跟你说说我的故事吧。

2021 年 4 月底，我转岗到泰州市总工会，成为一名工会干部。当时，工会正大力推进货车司机、网约车司机、外卖员和快递员等新就业形态劳动者群体建会入会工作。在与同事的沟通交流中，我对新就业形态劳动者群体有了一些深入的认识，而不是停留在那种点个餐、打个车、话都说不上一句的粗浅的了解上。从中我知道了，新就业形态劳动者群体之所以“新”，首先是相对传统工作来说的，新就业形态的工作时间更具弹性、工作场所更加灵活、工作内容更具多样性。新就业形态工作都与信息技术深度捆绑，通过互联网平台派单、接单。理论上，新就业形态是一个互利共赢、各取所需的新型生产和劳动关系。

然而，随着进一步的了解，我认识到了新就业形态劳动者群体之所以“新”的另一面，是因为劳动关系没定型、不规范。比如，部分外卖平台企业把外卖小哥包装成个体工商户，不与他们签订劳动合同，规避事实上的劳动用工责任。再比如，部分网约车司机只办“人证”，不办“车证”，游走在违规运营的边缘，一旦出现交通事故，保险不理赔，给自己、乘客和社会留下无穷祸患。甚至，部分企业与新就业形态劳动者缺乏有效沟通渠道，出现自残讨薪、伤人入狱等非理性的偏激维权情况。这些让人难受的事情，促使我要为大家做点事情。

纸上得来终觉浅，绝知此事要躬行。我一直认为，要了解一件事最直接有效的办法，就是参与进去，成为其中的一分子。于是，2021年12月，我主动在业余时间当起了一名网约车司机。带我入行的是一位名叫张毛旦的网约车司机师傅，外号“小黑皮”。我第一次听到这个名字的时候，差点没笑出声来，但他特别热情，把怎么办证、怎么接单等流程和细节，毫无保留地告诉我。仗义每多屠狗辈。在他身上，我感受到新就业形态劳动者的真诚。

真心回馈真诚。在正式接单送客之前，我是有很多顾虑的，因为《公务员法》明确公职人员不得兼职赚钱，也担心接单过程中遇到熟人引起不必要的尴尬，害怕别人说我是作秀。但是，张师傅的真诚和热情让我坚定了成为一名网约车司机的决心，真正深入网约车司机等新就业形态劳动者群体，找准大家的“急难愁盼”，通过自己和工会为大家做点事情。

2021 年 12 月 18 日，星期六。从当天上午 9 点 40 分接到第一单，到下午 1 点 30 分把第五单客人送到目的地，整整 3 个多小时，我一直在路上。不仅错过了饭点，还没上过一次厕所。周日，我又接了 9 单。周末两天，累计接了 14 单，出车时长在 10 个小时左右，乘客支付费用在 240 元左右，个人总收入 173.97 元，平台抽成超过四分之一。虽然只有短短的 10 个小时，我却深深感受到网约车司机的不容易，忙起来都没时间吃饭、上厕所，两条腿也因长时间坐在驾驶位有些发麻。我只用了两个平台接单就累成这样，可以想象那些用六七个平台同时接单的专职师傅是什么状态。从此，我以“耿师傅”的身份加入了 7 个网约车司机的微信交流信息群，里面有2200多名网约车司机。我经常浏览他们的聊天记录，这些记录很真实地反映了司机朋友的日常出车和生活情况。

经过半年左右的信息收集、整理，我和我的同事归纳了新就业形态劳动者面临的接单抽成高、违章处罚多、工作强度大、发声渠道不畅、社会认可度低等方面的共同问题。于是，我们在市（区）总工会发起关爱新就业形态劳动者的“六个一”行动。“六个一”行动就是工会干部要主动结交一个职工朋友、体验一次工作经历、加入一个工作群聊、满足一个小微心愿、撰写一篇调研日记、提出一批改进建议。工会干部们积极响应，直接体验外卖员、快递员、货车司机的酸甜苦辣，联合相关部门共同关注服务新就业形态劳动者。我们打赢了泰州首例网约车司机误工费赔偿案，帮助偏激维权的网约车司机重新走上工作岗位，帮助紧急离职的外卖小哥追回工作报酬，等等。我们还联合人社、邮管、行业协会等部门，成立了快递行业协调劳动关系三方委员会，联合公安、交通两个部门建立网约车司机合法权益保障协商恳谈机制，联合属地人大代表，将相关议题带上了全国“两会”。

我们打造的24小时智能化工会户外劳动者驿站，就是最新的工作成果。

“耿师傅”不只是一阵风，现在已经成为我们开展工作的一个“符号”。我们市总工会一楼的24小时智能化工会户外劳动者驿站，挂出了“有困难找工会”联络展板，“耿师傅”与大家常在。

以上，就是关于“耿师傅”的一些故事。相信，今后我们工会将有更多的“耿师傅”与大家站在一起。

在这本小书中，我将以“耿师傅”的身份，通过写信的方式，和新就业形态劳动者朋友们谈谈我们是谁，我们从哪里来，我们要到哪里去，谈谈我们的时代，谈谈有关工会的那些事儿……最终，我要告诉你们，工会是新就业形态劳动者们的“家”，像“耿师傅”一样的工会干部是大家贴心的“娘家人”，你们不是一个人在奋斗，而是与我们一起奔跑在时代的征程中。

目录

第一封信 01
认识我们自己

亲爱的朋友：

你好！

先谈谈我们所处的这个时代和新就业形态劳动者群体。为什么大家要把我们称为新就业形态劳动者群体呢？说“新”的理由和意义又在哪里呢？

我们知道，没有人是一座孤岛，每个人多多少少都要和周边的人相互沟通、彼此联系。如马克思所说，人的本质是一切社会关系的总和。所以，认识我们自己，首先要认识我们所身处的社会。

那么，我们这个社会现在又处在什么样的阶段呢？如果你稍微关注一点时事，你一定知道我们进入了“新时代”。这新时代，是中国特色社会主义新时代，用党的十九大报告原文来讲，“这个新时代，是承前启后、继往开来、在新的历史条件下继续夺取中国特色社会主义伟大胜利的时代，是决胜全面建成小康社会、进而全面建设社会主义现代化强国的时代，是全国各族人民团结奋斗、不断创造美好生活、逐步实现全体人民共同富裕的时代，是全体中华儿女勠力同心、奋力实现中华民族伟大复兴中国梦的时代，是我国日益走近世界舞台中央、不断为人类作出更大贡献的时代”。

在这个时代，我们对美好生活有了更多的向往。就拿生活环境来说，我们过去是“盼温饱”，现在要“盼环保”；我们过去是“求生存”，现在要“求生态”。有时，我和身边的朋友说，我们现在是“三富”，既要“富口袋”，也要“富脑袋”，还要“富生态”。和身边的网约车司机朋友聊天，他们谈起之所以从事现在的工作，很多是因为这份工作够自由，还有一定的收入。这个情况，在与我的同事和外卖小哥、快递小哥的聊天中也普遍存在。这些都反映出，新时代的我们在满足了基本生活需求后，对自由、尊严等有了更多更高的追求。随着移动互联网、物联网、人工智能等新一代信息技术与数字基础设施的发展，劳动者可以与平台、公司、同事、用户、设备等建立实时连接，随时接收和发送任务完成进度信息，打破了传统物理工作空间的限制，让参与其中的劳动者有了更高的自主性和灵活性，从而根据自己的爱好、习惯、能力等自主支配工作时间和工作场所。

但是，一些依托互联网发展起来的平台企业，凭借数据、技术、资本优势，迅速成长为平台巨型企业，形成“赢者通吃”的局面，限制和排斥竞争。有的强行提高抽成，每单生意抽取超过 20% 的收益；有的逼迫“二选一”，肆无忌惮挑战劳动者自由选择权；有的搞“大数据杀熟”，对老用户和新用户搞“双标”。甚至，一些不良平台一味追求效率，违背劳逸结合的作息规律，想方设法地压榨劳动者的时间价值，同时不签订劳动合同，不尽社会责任，导致我们的付出得不到应有的物质回报和社会保障。

瓜无滚圆，人无十全。何况对一件新生事物来说，它在刚开始发展的时候，因为了解不深，出现不规范也是情有可原的。随着对它持续深入的了解，我相信，相关监管和服务肯定会跟上。最近几年，各地各部门高度重视新就业形态劳动者的服务引领工作就是很好的例证，许多头部平台企业已经建起了工会组织，也开展了各种专项送温暖活动。比如，在全国总工会、国防邮电工会的指导下，圆通公司召开全国快递行业首个（全网）职代会，诞生首份全网集体合同，覆盖圆通一线快递员超45万人。再比如，浙江温州为新就业形态劳动者设立专属节日“温州暖‘新’日”，首个暖“新”日当天开展了发放数字人民币红包、组织货车司机集体加入工会、举办特惠商品内购会等暖心服务活动，并发布《关心关爱新就业形态劳动者十大举措》，针对新就业形态劳动者“急难愁盼”的问题推出完善社会保障、增加住房供给等“一揽子”福利政策。我们泰州也出台了“暖心12条”，整合人社、交通、工会等15家市级机关部门（单位）的资源，共同关心关爱新就业形态劳动者。为确保这些措施的有效落实，每条措施还清单式地明确了相关责任单位和具体联系人，负责措施落地过程中的全程指导和快速兑现。

所以，全面地认识我们自己，需要我们看到好与不好，利与不利，以及党和政府正在作出的努力等多方面的内容。新就业形态劳动者是数字经济的先发力量，数字经济是未来经济的主要形态，只会越来越规范。

在下封信件中，我将详细与你谈谈新就业形态劳动者的时代机遇。因此，我们对自己要有信心。

你的朋友 耿师傅

2023 年 6 月 1 日

第二封信 02

我们的时代机遇

订单
美好生活的创造者、守护者
订单

订单

亲爱的朋友：

你好！

在上一封信中，我们谈到了我们新就业形态劳动者和时代的关系，信的结尾还提到，要专门谈谈我们新就业形态劳动者的时代机遇。

第九次全国职工队伍状况调查结果显示，我国已有新就业形态劳动者 8400 万人，占职工总数的 21%，分布在交通出行、生活服务、知识技能、医疗分享等与民生密切相关的各个领域。单从数量规模上看，以外卖员、网约车司机、货车司机、快递员等为代表的新就业形态劳动者，显然已经成为我国就业群体的重要组成部分，更是习近平总书记心中“美好生活的创造者、守护者”。耿师傅和大家一样，有幸成为其中的一员。

一枝一叶总关情。我们新就业形态劳动者的前途命运始终牵动着党和国家的心。从党的十八届五中全会首次提及“新就业形态”的概念，到党的二十大报告要求“加强灵活就业和新就业形态劳动者权益保障”，国家对新就业形态劳动者的关爱越来越多。习近平总书记特别关心咱们这个群体，在北京前门，看望胡同服务点的“快递小哥”，在湖南长沙请来货车司机代表听疾苦，在陕西柞水走进直播间给乡村电商鼓干劲，反复强调“要完善多渠道灵活就业的社会保障制度”，指出“相配套的法律法规政策措施也不能姗姗来迟”，同时提醒要“做好新就业群体的思想引导和凝聚服务工作”。

人社、工会等部门纷纷加入关爱新就业形态劳动者的行列，相继出台扶持政策，推出暖心举措，加强劳动法律制度建设，补齐新就业形态劳动者权益保障短板。如人社部门相继出台《关于维护新就业形态劳动者劳动保障权益的指导意见》《新就业形态劳动者劳动合同和书面协议订立指引（试行）》等文件，将新就业群体纳入劳动保障基本公共服务范围，将职业伤害保障制度写入文件，着力解决新就业群体的后顾之忧。工会相继出台《关于切实维护新就业形态劳动者劳动保障权益的意见》《关于推进新就业形态劳动者入会工作的若干意见（试行）》等文件，最大限度地把新就业形态劳动者组织到工会中来。从这些制度文件中，党和国家对我们健康发展的关心关爱可见一斑，是打心底的重视与关怀。相关的国家方针政策，我们都可以在网上查到。查询的方法也很简单，如想了解全国总工会的相关政策，可以直接在“百度”“搜狗”等搜索引擎中，输入“全国总工会”进入官网，然后在官网里搜寻“新就业形态”，即可了解许多相关的信息。作为地方的工会部门负责人，我今天主要和你谈谈，这些国家方针政策是怎么具体转化为大家的工作和发展机遇的。

我们就拿“工会驿站”为例。作为职工之家，工会部门为了让广大劳动者特别是在外的一线劳动者随时有个“家”的温暖，一直不遗余力地推广工会驿站建设，并不断丰富驿站形式和服务内容。比如，安徽省将工会驿站建设纳入全省50项民生实事，并制定下发《安徽省工会驿站建设管理运维工作实施细则》，为加强工会驿站建设提供有力支撑保障。再比如，广西南宁市在各大商圈、市场、街道办、环卫站、客运站、公园和加油站等场所布置工会驿站，为环卫工人、快递小哥、执勤民警、城管执法人员、园林职工、出租车司机等户外劳动者提供服务，有效地解决了他们吃饭难、喝水难、休息难等问题。

经过近两年的探索和实践，我们泰州不仅在数量上努力达标，更在质量上实现了新的突破，一个重要成果就是成功打造了一批 24 小时不打烊的智能化户外劳动者驿站，通过一键扫码进出、联网监控，实现了无人化运营管理，有效解决了“忙时没空去、闲时没处去”的供需错位矛盾。目前，我们已经实现了四个方面功能：一是提供休息补给服务，站内设无人售货机、微波炉、热水壶，以及娱乐飞镖、自动体外除颤器（AED）急救设备等；二是提供诉求收集服务，墙上公布了全市 14 名工会系统人大代表的联系电话，醒目位置摆放“有困难找工会”联络展板，上面贴有“耿师傅”微信二维码，并建立了全市工会系统人大代表微信联络群，及时汇总和精准交办职工诉求；三是提供技能、学历提升和求职就业等服务，邀请提供技能培训的专业社会组织进驻，通过电子屏、展板及时公布相关活动信息，不定期组织线下交流活动；四是提供党建园地、工会活动等思政引领服务，常态化邀请公安、交通运输等部门相关负责人，以及网约车司机、外卖配送员等新就业形态劳动者代表，开展协商恳谈，并为其工会活动提供场地便利。我们还成功立项“智能化户外劳动者驿站”首个地方建设标准，为各地驿站建设提供可复制可借鉴经验样本。

老树可以开新花，旧瓶也能装新酒。以上，我用了大段文字向你讲述传统工会驿站的智能化、改造化过程，内里其实还有一个小心思：那就是想向你说明，虽然我们新就业形态劳动者群体中，有很多人不懂数字经济的内在原理，甚至还有不少人是农民工转岗过来的，但作为应用数字产品最深刻的一群人，我们有近水楼台先得月的优势。只要我们有一颗改变的心，我们仍然可以把握数字经济的发展机遇，像老树开花一样惊艳，像旧瓶新酒一样芬芳。

你的朋友 耿师傅

2023 年 6 月 10 日

第三封信 03

请加入工会大家庭

你
加
入
工
会

亲爱的朋友：

你好！

在前面的两封信中，我们已经零星谈到工会的作用和好处。今天，我就工会相关内容，专门给你写封信，也不绕弯子，就从晓之以理、晓之以利、晓之以情三个方面来讲。目的直截了当，就是希望你加入工会。下面，让我们一起来了解这三个方面的内容吧。我相信，随着你对工会了解的加深，必将越发认识到，工会是职工之家，是大家实打实的靠山。

第一，在晓之以理方面，我想和你谈谈加入工会的依据和它所传递的价值观。法律是治国理政最大最重要的规矩。《工会法》第二条规定，“工会是中国共产党领导的职工自愿结合的工人阶级群众组织，是中国共产党联系职工群众的桥梁和纽带。中华全国总工会及其各工会组织代表职工的利益，依法维护职工的合法权益”。这个法条告诉我们两个基本内容：一个是工会根正苗红，是接受党领导的国家正规组织，加入我们妥妥地受国家保护；一个是工会代表职工利益，是替职工说话的专门组织，是职工维护合法权益的贴身靠山。为突出工会维护职工合法权益的职责，《工会法》第六条第一款又明确规定，“维护职工合法权益、竭诚服务职工群众是工会的基本职责”。

职工群众为什么加入工会，其出发点就是为了自身利益不受侵犯。离开对职工群众合法权益的维护，工会就没有存在的必要，也存在不下去，职工群众更不可能参加和组织工会。对此，党和国家领导人有过许多经典表述。毛泽东指出，工会是保护工人利益的堡垒。邓小平指出，工会是工人自己的组织，是工人信得过、能替工人说话和办事的组织。江泽民指出，工会是党领导的工人阶级群众组织，是党联系职工群众的桥梁纽带，肩负着维护职工群众合法权益的基本职责。胡锦涛指出，要切实把表达和维护广大职工群众的利益，作为一切工会工作的出发点和落脚点。习近平总书记强调，哪里的职工合法权益受到侵害，哪里的工会就要站出来说话。这些深刻的论述，精辟地阐明和揭示了工会维护职工合法权益、竭诚服务职工群众的基本职责。你加入工会就是维护自己的合法权益。

第二，在晓之以利方面，我想和你谈谈工会的好处，你加入工会后将有哪些收获。有关工会好处的内容，网上一搜，到处都是，通常归纳为十个方面的好处。一是学技能。工会经常开展技能培训、岗位练兵等活动，能帮助你掌握一门或多门技术，技能等级晋升或在工作岗位上获授权发明专利后，还可以获得奖励。二是当先进。工会每年都会开展劳动模范、五一劳动奖章、工匠等评选活动，如果你能评上，就能享受荣誉、获得奖励；如果你能评上劳模，就能享受疗休养等特殊待遇。三是助上学。如果你有求学深造的需求，当你报考高起专、专升本等学历提升项目时，可以申请工会提供的“求学圆梦补助”；加入工会的困难职工，如果孩子求学面临困难，还可以申请工会的“金秋助学补助”。四是提素质。工会依托工人文化宫、职工服务中心等阵地，经常开展文化艺术、体育健身等文体活动，你可以报名学习相关课程，丰富业余生活，提高文化素养。五是享福利。加入工会后，单位的福利待遇，如高温慰问、文体活动、职工疗休养等，你可以按规定享受，属地总工会还将有针对性地开展专项慰问活动。六是送温暖。加入工会后，如果在保障期内发生大病住院，你可以享有一定金额的职工医疗互助保障。七是优消费。加入工会后，你可以凭借会员身份在与工会有合作关系的商店享受优惠折扣。八是帮维权。当你签订劳动合同需要指导、当你的劳动权益受到侵犯、当你的工资被拖欠、当你的工伤没人管、当你需要仲裁或诉讼时，工会为你提供政策咨询或免费法律援助。九是找工作。工会经常联系企业，了解用工需求，你可以通过工会搭建的就业培训、职业介绍、工会微信平台等渠道，获取匹配的用工需求，寻找心仪的工作岗位。十是常陪伴。工会普遍建立职工之家、劳动者驿站等阵地，当你身在他乡、当你常年辛苦、当你孤独思亲时，各级工会是你的“家”，工会干部是你贴心的“娘家人”，你可以“常回家看看”，获得休息补给。相信，看了以上十个方面的好处，你已经有些心动了。

心动不如行动，接下来一起看看加入工会的方式。我们整理了五种方式：一是，如果你所在单位还未建工会组织，你可以到属地总工会申请咨询，获得指导。如果你所在单位正新建工会组织，你可以通过工会筹备组填写申请表或者会员信息采集表，自愿申请入会，筹备组审查合格的发给会员证或者其他证明会员身份的凭证。二是，如果你所在单位已有工会组织，职工向工会提出申请，基层工会组织批准后发给会员证或其他证明会员身份的凭证。三是，如果你所在用人单位未建立工会组织或者不具备建立工会组织条件的，你可以向用人单位所在乡镇（街道）工会服务站提出入会申请，在社区、村就近加入联合工会。四是，如果你就业不固定（零散就业、自由职业），也可以在居住地所在的乡镇（街道）工会服务站提出入会申请，在社区、村就近加入联合工会。五是，申请入会也可以通过网络或者手机 App 平台（比如，职工可以通过“江苏工会”App）在线填写和提交信息的方式，选择所要加入的基层工会。职工可根据自身的具体情况，新建会员组织关系或接转会员会籍。如果还有疑问或遇到任何困难，你可以就近到属地工会部门咨询了解，或者网上一搜，就能很快很方便地找到他们的联系方式。

第三，在晓之以情方面，我想和你谈谈自己邀请职工入会的故事。我转岗到工会后遇到的第一个难题，就是如何吸纳网约车司机、外卖员、快递员、货车司机等新就业形态劳动者加入工会。当时，我的同事向我反映：平台企业不愿意成立工会，怕大家组织起来后闹事；从业的劳动者不了解工会，又怕影响自己接单，加入工会的热情不高。面对这些困扰，我决定自己去实地了解一番。事后，我的同事把它们归纳为“灵魂三问”，就是问相关人员：“你知道工会吗”“你加入工会了吗”“有困难会找工会吗”，得到的答复大多是消极的，如“不了解”“没加入”“有事自己扛”。这“灵魂三问”直抵我的心灵深处，也促使我去反思和行动，成功推动美团合作商泰州快生活和苏州美团泰州分部于 2021 年 12 月单独建会，600 多名骑手全部加入工会。随后，泰州市快递和外卖送餐行业工会联合会、泰州市网约车行业工会联合会相继成立，“有困难找工会”已经成为新就业形态劳动者的共识。

听我讲了这么多，我相信，你已经感受到工会邀你入会的满满诚意。一个好汉三个帮，加入工会后，你的奋斗之路必将更加宽广。

你的朋友 耿师傅

2023 年 6 月 17 日

第四封信 04

做新时代的奋斗者

幸福都是
奋斗出来的

下载
工会
APP
金秋
助学

亲爱的朋友：

你好！

上次邀你加入工会，不知你加入工会没有？我衷心希望你加入工会，最好是已经付诸行动，加入了工会。今天，我想和你聊聊“奋斗”的话题。工会是由广大劳动者组成的社会组织，最讲究通过劳动和奋斗发家致富、成长成才。

借着给你写信的契机，我回想起自己过去的种种经历，从一名中专生到现在担任工会部门的领导干部，正是抓住机遇、不断努力奋斗的结果。如果你有兴趣，请听我慢慢道来。

从学校毕业后，我成为一名基层政府部门的招商员，远赴深圳驻点招商。现在公务员考试很热门，不少人会认为这是一份好差事。然而，当时并非如此，20 世纪 90 年代公务员并不热门，甚至出现公职人员下海潮。政府部门的招商员相当于企业的推销员，常年在外不说，在拜访客户的过程中经常会遭受各种冷眼。虽然起点很低，工作也很辛苦，但一直有个信念，就是相信我们的国家会发展得越来越好。国家要想发展得越来越好肯定越要拼经济，越要拼经济就越离不开招商，就越要重视招商。事实证明，确实如此。短短几十年的奋斗，我们从温饱不足迈向了全面小康，成为仅次于美国的世界第二大经济体，创造了一个又一个人类发展史上的伟大奇迹，中华民族迎来了从站起来、富起来到强起来的伟大飞跃。我因为懂招商、会招商，走上了领导岗位，有了更大的施展舞台。

你可能会问，我为什么坚信我们的国家会发展得越来越好。因为我们的国家开辟了最适合自己的中国特色社会主义发展道路。一个国家的发展，与人的成长类似，一定要走适合自己的路。从历史的角度看，在选择社会主义道路前，各种主义和思潮都在我国进行过尝试，改良主义、自由主义、社会达尔文主义、无政府主义、实用主义、民粹主义、工团主义等，但都失败了，都没能解决中国的前途和命运问题。十月革命一声炮响，给中国送来了马克思列宁主义，中国的许多先进分子看到了一种代表人类社会前进方向的全新制度选择，逐渐认识到改变中国的命运要走科学社会主义指引的道路。中国共产党因此应运而生，带领我们走出了适合自己的富国强国路。从理论的角度看，科学社会主义是资本主义发展的下一个社会发展形态，其生产资料的公有制主体地位有利于集中力量办大事，有利于发展成果为最大多数人所共享。从现实的角度看，我们用几十年时间走完了西方发达国家几百年的工业化历程，脱贫路上我们强调一个都不能少，新冠疫情暴发时我们宁可少发展一点经济，也要坚持人民至上、生命至上。其实，如果对我们国家的文化传统有些了解，我们就会发现，中国特色社会主义道路与中华民族优秀传统文化是血肉相连的。我们口口相传的“天下为公”“民为邦本，本固邦宁”等，都是很好的例证。中国特色社会主义道路，对我们普通大众来说，对我们新就业形态劳动者来说，是最适合的道路。所以，做新时代的奋斗者，我们要坚信这条道路，听党话、跟党走，把自己的奋斗融入国家富强、民族复兴的发展进程中。

现在，我们进入了新时代。新时代是奋斗者

的时代，奋斗的底色更加浓厚，党的十九大报告、二十大报告五十多次提到“奋斗”二字。“幸福都是奋斗出来的”“撸起袖子加油干”等，已经成为大家耳熟能详的金句。新时代的奋斗者，奋斗的条件比以往要好得太多。今天我们习以为常的高速铁路、智能手机、电脑办公等，在我年轻的时候都是难得一见，甚至没有的。仓廪实而知礼节，衣食足而知荣辱。现在的我们，生活基本吃穿不用愁了，知识获取更加便捷了，出门办事也越发规范了，个人追求也丰富多元了。在某种程度上，新就业形态正是新时代才发展起来的新事物。作为其中的从业者，我们新就业形态劳动者更要了解新时代、适应新时代、把握新时代的发展机遇。

我们今天所讲的新时代，是中国特色社会主义的新时代。作为新时代的奋斗者，我们要有理想、守信念。这个理想信念，就是马克思主义信仰、共产主义远大理想、中国特色社会主义共同理想。也就是说，我们对党和国家要有信心，主动跟着党和国家的大政方针走。比如，党和国家正大力推进新就业形态劳动者的组织建设。我们在新就业形态中工作的党员同志，要积极把党支部建立起来，把党组织生活开展起来，把党员的先锋模范作用发挥出来。对非党员同志，要尽快加入工会组织，大力弘扬劳模精神、劳动精神、工匠精神，争取早日成为劳模工匠人才，并积极向党组织靠拢，努力提升自身素质，争取早日成为一名党员，在国家富强、民族复兴的伟大征程中贡献自己更多的智慧和力量。

我们今天所讲的新时代，是注重高质量发展的新时代。作为新时代的奋斗者，我们要懂技术会创新。高质量发展是全面建设社会主义现代化国家的首要任务，而推动数字经济健康发展，则是我国实现高质量发展和建设社会主义现代化强国作出的重大战略决策，意义重大而深远。有权威观点明确指出，数字经济正引领新一轮科技革命和产业变革，逐渐成为重组全球要素资源、重塑全球经济结构、改变全球竞争格局的关键力量，为世界经济发展增添了新动能。作为推动数字经济蓬勃发展的重要力量，新就业形态劳动者的自身素质事关国家高质量发展大局。这是我们的时代使命，也是时代机遇。我们要立足岗位，努力钻研，勇于创新，从生产一线积累丰厚的实战经验，同时借助工会等部门提供的求学圆梦机会，积极获取深造机会，不断提升自身理论文化知识水平，把好经验好做法上升为好理论好制度，在实现自身成长成才的过程中，助力数字经济发展更加专业规范、健康有序。

我们今天所讲的新时代，是推进共同富裕的新时代。作为新时代的奋斗者，我们要敢担当讲奉献。你可能听过这样一个故事。有位老者有意问起三位砌砖师傅一个同样的问题，这问题是“他们砌砖的目的是什么”。第一个人回答是“在砌墙”，第二个人回答是“在盖楼”，第三个人回答是“在建城”。故事的结局是，十年后，第一个人仍在砌墙，第二个人成了工程师，而第三个人成了前两个人的老板。故事虽然包含不少虚构成分，每个人的命运也很难由一句话来断定。但是，它仍能给我们带来不少触动，最重要的就是我们奋斗的心胸和格局要够大。共同富裕是全体人民通过辛勤劳动和相互帮助最终达到丰衣足食的生活水平，就是这样一种奋斗的大心胸、大格局。伟大出自平凡，英雄来自人民。在推进共同富裕的过程中，我们敢担当，讲奉献。敢担当就是要顽强拼搏，通过诚实劳动、辛勤劳动去实现美好梦想、破解发展难题、铸就生命辉煌。讲奉献就是要众志成城，越是艰难困苦的危难关头，越要大力弘扬劳动精神，涵养劳动情怀和劳动品格，共同营造劳动光荣、知识崇高、人才宝贵、创造伟大的氛围，激发起各行各业、各条战线普通劳动者建功立业的壮志豪情，克服艰难险阻，在平凡岗位上续写不平凡的故事。只有我们的心胸和格局够大，发展的空间和舞台才会更宽广。

有关奋斗的大道理，我们从小就晓得很多。世界上没有坐享其成的好事，妄想天上掉馅儿饼，是不可能的，得到的很可能是一个大陷阱。要幸福就要奋斗！

你的朋友 耿师傅

2023 年 6 月 24 日

第五封信 05
榜样的力量

荣誉

无论从事哪种职业，只要踏实劳动、诚实劳动都能干出不平凡的业绩，铸就闪光的人生

亲爱的朋友：

你好！

对于榜样，我不知道你是怎么看的？就个人的成长来说，榜样对我的作用特别大。在上一封信中，我曾向你提及，自己从中专生慢慢成长为工会领导干部的历程。其中，有一个重要的原因就是我常以优秀的榜样激励自己，常告诉自己要看到他人的闪光点，向他们优秀的一面学习，不断突破自己。我还总结了一句“精神状态也是生产力”，作为自己的座右铭。也正因为如此，虽然我现在已经50多岁了，但只要条件允许，我每天坚持跑10公里，全程轻松跑完42公里的马拉松也不在话下。

我还因为跑马拉松比赛参与救人，被表彰为2017年“中国好人”。优秀榜样对我的激励作用，由此可见一斑。

三百六十行，行行出状元。我们新就业形态劳动者也有许多优秀的榜样。这一点，在新冠疫情防控期间，显得格外亮眼。来自湖南的个体货车司机龙兵，驾驶大货车32天往返武汉11次运送物资；来自黑龙江鹤岗市的外卖配送员张硕，与工友们加班加点为群众送去民生物品；来自深圳的快递员秦文冲，带领“抗疫小分队”运送核酸检测样本超过600万份……他们在抗疫战场上，大义担当，不畏艰险，逆行向前，为保障民生和社会稳定贡献了宝贵的力量，他们因此荣获全国五一劳动奖章。自外卖骑手宋增光被授予全国五一劳动奖章以来，全国各地已有越来越多的网约车司机、货车司机、外卖员、快递员等新就业形态劳动者获得各种国家荣誉。许多新就业形态劳动者还成为各地的劳动模范。比如，2021 年，外卖骑手黎杰袁成为重庆市最年轻的劳模；2022 年，货车司机姚红兵被评为陕西省劳模；2023 年，网约车司机徐海玲被评为台州市劳动模范、雷凌云被评为常德市劳动模范；等等。从他们身上，我们可以看到新就业形态各行业劳动者的优秀榜样，如雨后春笋，争相涌现。

在成为榜样之前，他们和我们一样，都是普通的网约车司机、货车司机、快递员、外卖员等新就业形态劳动者。但他们又有不普通的一面，那就是从他们身上，我们看到了爱岗敬业、争创一流、艰苦奋斗、勇于创新、淡泊名利、甘于奉献的劳模精神，崇尚劳动、热爱劳动、辛勤劳动、诚实劳动的劳动精神，执着专注、精益求精、一丝不苟、追求卓越的工匠精神。虽然提起从外卖骑手到重庆最年轻劳模的经历，“95 后”的黎杰袁还有些腼腆，但他清楚地知道劳动创造幸福的真谛，用他的话说，就是“无论从事哪种职业，只要踏实劳动、诚实劳动，都能干出不平凡的业绩，铸就闪光的人生”。安全行车超 100 万公里的姚红兵，常说要把公司的车当作自家的车一样去爱护，每次出车前总是拿着工具围着车子左瞧瞧、右敲敲，不但检查了车辆，就连驾驶室的玻璃也被他擦得锃亮。徐海玲巾帼不让须眉，入行 5 年多，以“平安送达每一程、用心服务每一人”的服务理念为标准，积极参与志愿服务，助力抗击疫情，为乘客出行保驾护航。作为一名退伍军人，雷凌云退伍不褪色，他说：“我 20 岁就入党了，一直以来我们都说为人民服务，网约车刚好也是服务业，所以我更要服务好每一位乘客，跑好每一单。”

从他们身上，我们也看到关爱他人的真心和热诚。面对 2021 年底来势汹汹的西安疫情，姚红兵连续奋战 20 个昼夜，帮助运输蔬菜、粮油等生活物资。在此之前，他已毅然投入抗疫物资运输工作之中，分别从广东、福建、山东、湖南、江苏、浙江等地，运来抗疫物资及抗疫设备。首位全国五一劳动奖章获得者外卖骑手宋增光有个外号，叫“姜茶站长”，因为骑手的经历，他知道遭遇湿冷后一杯姜茶的可贵，所以在他成为站长后，就养成了把姜茶带给其他骑手的习惯。在跑车之余，雷凌云加入了“雷锋车队”，经常参加爱心送考、义务献血等公益活动。我们泰州的网约车司机师傅们，也自发成立了“会心汇意”网约车志愿服务队，在跑车之余，为有需要的人提供力所能及的帮助。

当然，更重要的是，他们都加入了工会。工会是维护大家合法权益的专业组织，是大家最有力的靠山。特别是近年来，货车司机、网约车司机、快递员、外卖配送员等新就业形态劳动者，成为工会表彰关注的重点。你可能对这些表彰还不太了解。这里，我就以全国五一劳动奖章为例，给大家做个简要介绍。全国五一劳动奖章是全国总工会授予在中国特色社会主义建设中作出突出贡献的劳动者的光荣称号。它主要集中在“五一”国际劳动节期间颁发，平时也有少量颁发，是中国工人阶级最高奖项之一。自 2021 年起，全国五一劳动奖章获得者一次性奖金标准提高到 10000 元，到地方还能享受不同程度的劳模待遇，是实打实的物质和精神方面的双重激励。新就业形态劳动者是当前工会表彰的重点，而这正是大家可以把握的机遇和发力点。

心中有榜样，行动有力量。快加入工会队伍中来，一起向榜样学习、向榜样看齐，早日在平凡的岗位上干出不平凡的业绩，成为更好的自己。

你的朋友 耿师傅

2023 年 7 月 1 日

第六封信 06

有困难找工会

有困难找工会

工会法
政府
工会
业

亲爱的朋友：

你好！

这次我想和你聊聊遇到困难怎么办的问题。关于这个问题，在前面的几封信中，其实我已经告诉你答案。如果你现在继续问我："有困难怎么办？"那我会明确地告诉你："有困难找工会。"

有困难找工会是工会组织对职工的法定承诺。还记得我之前与你分享的《工会法》相关内容吗？它的总则部分第六条明确规定，"维护职工合法权益、竭诚服务职工群众是工会的基本职责""工会建立联系广泛、服务职工的工会工作体系，密切联系职工，听取和反映职工的意见和要求，关心职工的生活，帮助职工解决困难，全心全意为职工服务”。

然而，现实却是，我们的新就业形态劳动者遇到困难时很少来找工会。究其原因，可以从三个层面来看。第一个层面是，不少新就业形态劳动者不知道工会，整日忙，没工夫了解。第二个层面是，听说过工会的新就业形态劳动者，对工会存在刻板印象，认为工会就是唱唱跳跳、发发福利，对自己帮助不大，反而可能遭到老板报复，得不偿失。第三个层面是，对工会有些了解的新就业形态劳动者，认为“正规单位”职工才能享受工会的福利，自己更像个“自由职业者”，而且新就业形态劳动者用工关系复杂，网上还有各种维权失败的案例，对加入工会并不看好。

之前，有些顾虑是情有可原的。但《工会法》

在 2021 年进行了修改。新修改的《工会法》将原来的第三条第一款规定“在中国境内的企业、事业单位、机关中以工资收入为主要生活来源的体力劳动者和脑力劳动者，不分民族、种族、性别、职业、宗教信仰、教育程度，都有依法参加和组织工会的权利。任何组织和个人不得阻挠和限制”修改为“在中国境内的企业、事业单位、机关、社会组织中……”，增加了“社会组织”的概念。也就是说，将工会组织和工会工作的覆盖面由“企业、事业单位、机关”扩大为“企业、事业单位、机关、社会组织”；还增加了“工会适应企业组织形式、职工队伍结构、劳动关系、就业形态等方面的发展变化，依法维护劳动者参加和组织工会的权利”。这些规定的修改，有效维护了新就业形态劳动者们加入工会的权利，也有力赋予了工会帮助新就业形态劳动者维护合法权益的职责和权力。

在给你写信的过程中，我反复引用《工会法》的内容，不是因为无话可说，而是因为法律是我们维护合法权益最有力的武器，也希望你有空翻翻新修改的《工会法》。其中，对工会能帮你维护哪些合法权益，也有比较明确的规定。下面，我简要摘录其中的8个方面情形，与你分享。一是在克扣工资及延长工时方面。工会应当代表职工与用人单位交涉，要求它们采取措施予以改正，并向工会作出答复，对拒不改正的，可以请求当地人民政府依法作出处理。二是在单位违反集体合同方面。对侵犯职工劳动权益的，工会可以依法要求用人单位予以改正并承担责任，协商不成的，工会可以向劳动争议仲裁机构提请仲裁，甚至向人民法院提起诉讼。三是在强令工人冒险作业方面。如果有用人单位违章指挥、强令工人冒险作业，或者生产过程中发现明显重大事故隐患和职业危害，工会有权提出解决的建议，用人单位应当及时研究答复；危及职工生命安全时，工会有权向用人单位建议组织职工撤离危险现场，用人单位必须作出处理决定。四是在因工伤亡事故调查方面。职工因工伤亡事故和其他严重危害职工健康问题的调查处理，必须有工会参加；工会应当向有关部门提出处理意见，并有权要求追究直接负责的主管人员和有关责任人员的责任；对工会提出的意见，应当及时研究，给予答复。五是在发生停工或怠工事件方面。用人单位发生停工、怠工事件，工会应当代表职工同用人单位或者有关方面协商，反映职工的意见和要求并提出解决意见；对于职工的合法合理要求，用人单位应当予以解决。六是在不服单位处分方面。用人单位处分职工，工会认为不适当的，有权提出意见；用人单位单方面解除职工劳动合同时，应当事先将理由通知工会，工会认为企业违反法律、法规和有关合同，要求重新研究处理时，用人单位应当研究工会的意见，并将处理结果书面通知工会。七是在单位违规管理方面。法律、法规规定应当提交职工大会或职工代表大会审议、通过、决定的事项，用人单位应当依法办理。用人单位违反职工代表大会制度和其他民主管理制度时，可向工会反映，工会有权要求纠正。八是在法律服务方面。县级以上各级总工会可以为所属工会和职工提供法律咨询、法律援助等服务。

以上 8 个方面情形，是我们通过大量案例总结出来的常见困难。没有困难是最好的，如果你遇到以上任何困难，欢迎找工会寻求帮助。如果我们再深入思考一层，其实自己寻求帮助，也是在帮助他人，因为你的帮助会改善我们整体的工作环境，减少侵权事件的发生。就拿之前信中提到的那件网约车司机误工费赔偿案来说，后面有 3 名网约车司机遇到同样的维权难题，因为有了他成功维权的先例，这 3 名网约车司机很快找到工会，了解了维权需要的材料和程序，很快获得了误工赔偿金。

说了这么多虽然略显啰唆，但我真挚地希望，通过我的介绍，你对有困难找工会有了更深的理解。

你的朋友 耿师傅

2023 年 7 月 8 日

第七封信 07

成才的道路

求学梦圆计划

冲刺
大学

亲爱的朋友：

你好！

咱们新就业形态劳动者也同样面临着成长成才的问题。

十年树木，百年树人。一个人由成年到成才，从来不是一件容易的事。特别是对广大网约车司机、外卖员、快递员等来说，行业门槛低，竞争异常激烈，为了谋生，每日奔忙，已经很累了，很少有空余的精力和时间去考虑长远发展的问题。根据我之前体验式调研网约车司机获取的数据来看，一家有 227 名网约车司机的公司，初中及以下学历 147 人、高中学历 68 人、大专学历 12 人，无本科及研究生以上学历人员。加上其他的一些相关调研走访，我们基本可以得出以下结论：大多数新就业形态劳动者文化程度偏低，通常只有大专及以下学历，缺乏必要的傍身技能，几乎都换过几份工作。这种职业上的不稳定性，也导致他们很难精通一行，缺乏厚积薄发的优势，成长进步的空间十分有限。

学历低，起点低，并不代表未来的发展成就一定低。我来给你讲一个身边的故事。故事的主人公叫黄俊。中专毕业后，他进入江苏省恒力制动器公司，到装配车间做学徒，成为一名普通的产业工人。恒力是专门生产商用汽车制动器的配套商。制动器，也就是俗称的刹车、闸，是行车安全的“生命零部件”，对产品质量要求极高。装配车间的工作作息三班倒，24 小时不能离人。在这样紧张的工作环境下，他跟着师父从工具的基本原理学起，如卡尺、游标卡尺及装配工艺操作，很快具备钳工基础。加上他勤学多思，急生产之所急和对技术近乎执着的渴求，不断用所学改进了装配工艺，获得国家实用新型专利，甚至填补了国内相关领域空白。他实现了从一名中专生到江苏大工匠、长三角大工匠和全国劳动模范的转变。

拓宽成长通道，对广大新就业形态劳动者来说，加入工会，就是一个很好的开始，会让你接触到更多的发展通道。在之前“榜样的力量”那封信中，我与你们分享了不少新就业形态劳动者的成长故事，他们都是工会发现和选树的典型，学历低，起点也低，但现在的成就却不低。临阵磨枪，不快也光。现学现卖，总比无动于衷来得要好。接下来，我就和你具体讲讲工会将在哪些方面，为你的成长加油铺路。

在学历提升方面，加入工会后，你可以申请加入“求学圆梦行动”。这个行动源于教育部和中华全国总工会联合实施的农民工学历与能力提升行动计划，很多有条件的地方已经把范围扩大到一线职工。如果用一句话概括这个计划的特点，那就是“用工会补贴的钱，读自己想学的专业，拿国家承认的学历”。江苏地区经济相对发达，针对这个行动又出台了许多配套措施，并以“江苏工会学院”职工教育网络平台为窗口，搭建“求学圆梦行动”专门网站，利用互联网在全国率先实现了自助式注册、申报、审核、补助申领、公示、学习管理、信息发布“一条龙”服务。此外，各地还积极与高等院校进行合作，提高行动质效，比如，常州市总工会与市邮政管理局、常州工学院通力合作，让“快递小哥”圆大学梦；南通市海门区总工会打造工匠之星，实施两个“百万计划”，即一百万元支持一线职工“求学圆梦”，一百万元鼓励一线职工“敢首创”，通过参与小发明小创造，从技术工人成长为技能人才、高尖人才，成长为大国工匠……我们新就业形态劳动者群体有很多来自农村地区，又是一线职工，完全符合申请条件，不要错过这样的好机会，抓紧加入这个行动中来。

在技能提升方面，加入工会后，你可以踊跃参加工会组织的劳动和技能竞赛。劳动和技能竞赛是工会的传统优势、工作品牌，目的是聚焦生产和岗位需求，通过组织劳动竞赛和技能比武活动，激发职工劳动的热情和创造潜能，引导广大职工勤于钻研技术，练就过硬本领，成为知识型、技能型、创新型的新时代产业工人。在国家方面，有全国职工职业技能大赛，这是国家级一类职业技能大赛，被誉为产业工人的“全运会”。在地方层面，各地根据自身产业发展需求，每年定期组织各行各业的劳动和技能竞赛，企业根据生产需要也会组织自己的劳动和技能竞赛。可以说，劳动和技能竞赛是各地各层级、各行各领域都争相开展的项目，参加决赛的各工种选手一般都经历了前期预赛的层层选拔，一定程度上代表了当地各工种的最高水平。通过参加比赛，你能更加清楚地知道自己与行业标杆的差距在哪里，而且排名靠前的优胜者可以获得物质和精神方面的双重丰厚奖励，也是工会选树推荐劳模和工匠人才的重要依据。所以，对有志于掌握一技之长，并希望赢得社会荣誉的你来说，一定要积极参与进去，争取晋级的机会。

在素质提升方面，加入工会后，你可以报名

参加工会组织的各类文化艺术培训班和阅览职工书屋。作为职工的学校和乐园，工人文化宫一直是提升职工文化素养、满足职工精神文化需求的重要阵地。特别是近年来，全国工会大力推进工人文化宫高质量发展，《中国工运事业和工会工作“十四五”发展规划》提出，加强工人文化宫规范化建设管理，“十四五”期间，全国建设 100 家标准化工人文化宫，推动经济较发达、职工人数多的县（县级市）实现工人文化宫建设全覆盖；整合工会资源，把县级工人文化宫打造成工会组织综合服务阵地。当然，由于财力限制，各地工人文化宫阵地硬件建设并不均衡，但在软件服务上，各地工会都在积极通过连接资源的方式，举办各种职工才艺培训班和各种文体活动，满足职工的精神文化需求。此外，全国各级工会正大力打造职工书屋，有些地方的工会已经开始打造“职工领读者行动”，积极建设24小时不打烊的职工阅读空间，欢迎你来阅读品鉴。

成长路上，工会对大家的帮助超乎想象。加入工会大家庭，用好这个家庭里的资源，一定能让你飞得更高更远。今天，就与你聊到这里。

你的朋友 耿师傅

2023年7月15日

第八封信 08

体面劳动

无论从事哪种职业、哪个岗位，只要把自己的工作做精做细，最终都能得到社会认可

订单

亲爱的朋友：

你好！

为什么要谈“体面劳动”这个话题？因为我认为这个问题很重要，并且与我们的工作生活息息相关。在跑网约车接单送客的那段时间，我真切地感受到网约车司机讨生活的不易，整天坐在一个“铁皮盒子”里，忙起来都没时间吃饭、上厕所。我们的货车司机、外卖员和快递员等许多新就业形态劳动者也有类似的经历，每日风里来雨里去，夏天晒得乌黑，冬天冻得发抖，没有一天的休息时间，手机 24 小时不敢关机。

在这么辛苦奔忙的情况下，自己所从事的工作有时还得不到顾客的尊重、支持和理解。有些乘客在车里抽烟不听劝阻，下车不管地点、只图自己方便，被抓拍了还要花大把时间去申诉；有些顾客刚下完单就开始催，送早了或晚了都可能挨骂，有时还要额外帮他们拿东西；有些顾客明明说好接货的时间地点，但到点却见不到人，甚至电话都联系不上；等等。就这些问题，我和我的同事曾有意识地对相关人员做过调研，他们的答复大多是“有问题就自己扛，实在不行就上访”。这种走两个极端的做法，是不正常的。其实就是我们今天要讨论的体面劳动问题，即在完成工作的过程中，我们希望得到他人的尊重、支持和理解。

人为什么要体面劳动？这是经济社会发展的必然结果。我们古人有句话叫，仓廪实而知礼节，衣食足而知荣辱，意思就是在吃饱穿暖之后，我们会进一步追求尊严的问题。西方有个叫马斯洛的社会学家，还专门研究了这个问题，得出了需求层次理论，将人们的需要按照不同层级分成了生理（食物和衣服）、安全（工作保障）、社交需要（友谊）、尊重和自我实现等五个方面，每个层级呈现出一个渐进满足的先后发展过程。虽然这个理论有一些漏洞，与我们文化中的“舍生取义”“宁死不吃嗟来之食”等道德传统有相悖之处，但它所分析的5个方面大致反映了我们普通人日常的工作和生活状态。试想，在吃不饱肚子的年代，有一份工作能养家糊口就已经十分幸运，是很难追求所谓体面劳动的，即便有，也是不可持续的。所以，今天，我们开始注重体面劳动，无疑是社会发展、时代进步的体现。

有付出才有回报，想要体面劳动，并得到他人的尊重、理解和支持，我们首先要不断提升自身素质，实现更高品质的劳动输出。新就业形态劳动者大多从事的是服务业，不论谁作为顾客，花钱买服务买的都是称心如意，而不是花钱找罪受。在自己力所能及的范围内，为他人提供达标甚至超出预期的服务，是我们谈体面劳动的底气。所以，如果你是货车司机或者网约车司机，就要苦练驾驶本领，提前做好交接，将货物或乘客安全送达。如果你是外卖员或快递员，就要熟记城市路标，懂得与人沟通，及时或按要求完成交货。有位名叫蔡栋的快递小哥，他就是跑出来的“工匠”。在认识他之前，我从没想到跑快递也有这么多门道。他每天 6 点半就要开始一天的忙碌，其中如何高效、迅速地设计当日派送路线，是他和同事每天都要面临的最大挑战。为此，蔡栋每天会花上近半个小时，规划当日的出班路线。他遵循“大不压小、重不压轻”的原则，将邮件按投送区域、重量大小分开装车，并综合考虑不同时间段的交通和路况，科学规划出当日包裹投送站点顺序，尽量做到“不走回头路”。科学、高效的派送既减轻了工作量，也缩短了投递时长，得到了各方点赞和认可。在工会组织的推荐下，他现在已经成为工匠人才，先后通过邮政业务营销中级、速递业务高级技能等级鉴定。他感到十分自豪，说：“不论从事哪种职业、哪个岗位，只要把自己的工作做精做细，最终都能得到社会认可。”

体面劳动是双向的，有劳动者自身素质不断提升的一面，也有劳动氛围和环境持续改善的一面。随着新就业形态劳动者群体先进人物的不断涌现，社会对这个群体的评价更加积极正面。比如，外卖小哥送餐途中经常出现见义勇为的现象，网上有关“订单超时别着急，可能小哥救人去了”的类似评论早已司空见惯。当然，相比社会舆论的改善，我们可能更关心的是劳动报酬、劳动时间和劳动关系等方面待遇的改善。针对这一点，如果你加入了工会，并积极学习相关知识、参与相关活动，就会知道工会一直在为此付出努力。其中一项重要工作就是集体协商。这项工作机制是工会作为职工方代表与企业方就涉及职工权利的事项，为达到一致意见而建立的沟通和协商解决机制。集体协商的内容包括职工的民主管理；签订集体合同和监督集体合同的履行；涉及职工权利的规章制度的制定、修改；企业职工的劳动报酬、工作时间和休息休假、保险福利、劳动安全卫生、女职工和未成年工的特殊保护、职工培训及职工文化体育生活；劳动争议的预防和处理以及双方认为需要协商的其他事项。

近年来，为适应新就业形态劳动者协商需求，工会部门不断更新相关协商议题，丰富了协商内容。比如，在上海市总工会、普陀区总工会的推动下，作为国内网约送餐行业龙头平台企业之一，“饿了么”召开全网职代会（扩大）会议，率先将全网民主协商、民主管理制度向新就业形态劳动者群体延伸，向企业生态链上的服务商职工覆盖，召开了网约送餐行业全国首个全网职代会，诞生了首份全网集体合同。还有，盐城市总工会发布的《集体协商内容（议题）指引清单参考》，对平台企业计件计价、订单分配、抽成比例、报酬构成、单时单价等新就业形态劳动者关心的切身利益，进行了细化，为行业开展集体协商提供了参考和指引；安阳市总工会“七个一”推动集体协商扩面增效，其中有个“一”就是要“聚焦一类群体，力争实现新的突破”，明确要求指导货运司机、外卖骑手、家政服务、快递等新就业形态重点行业、企业签订《工资专项集体合同》。特别是，江西省还专门发布了《关于在新就业形态劳动者中开展集体协商工作的通知》，围绕提升争议处理效能、开展劳动保障专项监察、强化就业服务、开展职业伤害保障试点、优化社会保险经办服务、加大职业技能培训等10个方面提出23条具体行动措施。如今，这项工作形式更加多样、内容更加丰富、范围更加广泛，也成为当前工会组织维护新就业形态劳动者权益的法宝。

以上就是我对体面劳动的一些介绍，当然，它还包括医保、社保等更多更丰富的内容。有机会，再向你专题介绍，你也可以问问就近工会部门的同志，他们会耐心解答你的疑问。

你的朋友 耿师傅

2023 年 7 月 22 日

第九封信 09

小黑皮成长记

我们赶上了一个好时代，所以我们要在平凡岗位上通过劳动实现个人价值

亲爱的朋友：

你好！

这是我特别想和你分享的一个故事。这个故事的主角是两个网约车司机，一个是“耿师傅”，一个是“小黑皮”。“耿师傅”就是我自己，“小黑皮”你也不陌生，在前面的几封信里，其实已经陆续提到过他。

或许你已经猜到了答案。没错！他就是带我进入网约车行业的张师傅，本名张毛旦，外号“小黑皮”。第一次听到他的名号，我就记住了他，因为太有辨识度了。这个特别的名字也让我不由得推测，张师傅可能来自农村，父母文化水平不会太高，因为有点儿文化的父母都希望自己的孩子有个比较响亮或者寓意深刻的名字，承载他们望子成龙、望女成凤的期盼。经过后来的深入了解，我的推测基本是正确的。张师傅来自安徽宿州的一个农村，“90后”，很早就出来打工，干过各种零工，还帮人家讨过债，去过上海、到过浙江，现在在江苏泰州成了家。

来到泰州后，他首先经营了一家水果店，结果店倒了，欠了一屁股债。因为没有学历，也没有一技之长，他一度陷入了迷茫之中，不知道往后怎么办，看到周边朋友在跑网约车，他也萌生了跑车的想法，朋友告诉他，只要不怕吃苦，最起码可以养家糊口。于是，他成了一名网约车司机。他跟我说，自从开始跑车以后，每天都是天不亮就得出车，到半夜才回家，不管严寒还是酷暑，为了省点儿油，没有乘客的时候，都舍不得开空调，冬天在车上瑟瑟发抖，夏天晒得脱了一层又一层皮，好在，很快，开水果店欠的债就还清了。他这样出身普通而又有些曲折的人生经历，很像我认识的许多网约车司机朋友。他们大多出于某些缘故，换了几份工作，然后通过跑网约车换得一个缓解或喘息的机会。这种相对自由的工作选择，可以折射出我们时代的进步。

2021 年 12 月，我们因为体验式调研网约车司机，通过打车认识了他。我跟他说，我也想开网约车，问他要办哪些手续。他非常热情，线下带我办证，线上帮我下载了接单的程序并成功进行了注册，还把我带入他们交流工作信息的微信群，让我真正成了网约车司机“耿师傅”。为了感谢他，我付给了他 400 元的入门介绍费。说起这个入门介绍费，还发生了一件趣事。当时为推进网约车司机入会，我和我的同事去一家网约车服务公司走访调研，该公司正好是张师傅所在的公司，他也就知道了我是工会领导干部的身份。事后，他硬是要退还先前我给的 400 元入门介绍费。我没有收，但因为他态度坚决，于是，我们用这钱在路边摊撸了个串。那天，我们聊了很多，他也向我谈起了自己过往的种种经历，成了交心的朋友。

多个朋友，多条路。我于是经常拜托他，帮忙收集网约车司机朋友在跑车过程中遇到的困难。没过多久，他向我反映，网约车司机都害怕交通违章处罚，有时因为一些非主观因素导致违章，但个人去申诉处理又感觉太麻烦。经过走访和调研，我感觉这是一件事关网约车司机朋友切身利益的“关键小事”。于是，我和我的同事主动和公安部门进行了沟通对接，赢得了他们的理解和支持，最终成功以公安和工会联合发文的名义，推出了“关爱八条”，其中就专门出台了依法妥善解决轻微违章的集中申诉举措，由属地工会集中帮助网约车司机进行申诉，有效解决了大家心中的麻烦事。看到自己反映的诉求很快有了答复，张师傅更加热心地反映大家遇到的困难。在随后的一段时间里，我们先后一起帮单亲妈妈打赢了泰州网约车司机误工费赔偿第一案，帮助一名偏激维权的网约车司机走上了正常的生活轨道……

送人玫瑰，手留余香。在我们一起做事的过程中，他的思想也发生了许多积极的改变。他说，自己从来没想过，还能和工会领导干部做朋友，也没想到一位领导干部能真正去当一回网约车司机，更没想到有问题时，工会能及时帮助想办法并解决。

这“三个想不到”深深地触动了我，也让我感到，所有的付出都是值得的。有一天，他告诉我，他想入党。我问他为什么想入党，他说自己想给孩子做个好榜样。在他的倡议下，张师傅所挂靠的公司成立了党支部，他也如愿递交了入党申请书，现在成了一名入党积极分子。在一次党日活动分享会上，他说：“我们赶上了一个好时代，所以我们要在平凡岗位上通过劳动实现个人价值。”

2023 年 7 月 24 日，作为宣讲嘉宾，张师傅登上了“江苏省新就业群体‘助新成才’行动宣讲会”。事后，他对我讲，在这么大的场合分享自己的故事，这是一件特别自豪的事情，家人感到特别骄傲，下次有机会一定要把孩子也带到现场去。听到他这么说，我为他感到高兴，也从中体会到，张师傅对自己的未来有了更多的期待。

以上就是我与张师傅的故事。今天和你分享这个故事，就是希望你从中获得一些激励和启发。我感觉，张师傅就是我们新就业形态劳动者群体中有代表性的一员，我们身上或多或少有他的一些特征。他的经历我们无法照搬，但他改变的出发点和理念，值得我们学习借鉴。今天就与你聊到这里，下次再会。

你的朋友 耿师傅

2023 年 7 月 29 日

第十封信 10

一起向未来

一起向未来
司机之家

亲爱的朋友：

你好！

今年7月，全国总工会针对新就业形态劳动者召开了一个专题新闻发布会，并现场发布了一个重磅计划。不知，你是否关注到这一信息。如果你有关注，那肯定知道了全国总工会推出的《深入推进新就业形态劳动者工会工作三年行动计划（2023—2025年）》。如果没有关注，那正好趁今天的机会和你交流一下这个“三年行动计划”。为什么我这么郑重地要和你谈谈这个计划，因为这是工会为新就业形态劳动者量身定制的共同成长计划，事关彼此的未来。

在此之前，我已经从多方面多角度，向大家反复说明了工会是职工之家的内在逻辑，是新就业形态劳动者组织上最有力的靠山。从近年来的一系列相关工会举措中，我们也能清晰地感受到这一点。比如，2021 年 7 月，全国总工会印发了《关于切实维护新就业形态劳动者劳动保障权益的意见》，从强化思想政治引领、加快推进建会入会、切实维护合法权益、推动健全劳动保障法律制度、及时提供优质服务、提升网上服务水平、加强素质能力建设等七个方面，对做好新就业形态劳动者维权服务工作作出部署安排，鼓励各级工会发挥工会组织覆盖面广、维权服务方式灵活、工作手段丰富的有利条件，在维护新就业形态劳动者劳动保障权益方面发挥独特作用。同年 9 月，全国总工会又印发《关于推进新就业形态劳动者入会工作的若干意见（试行）》（以下简称《意见》），从夯实新就业形态劳动者入会组织基础、明确入会路径、创新入会及管理方式、深化维权服务工作、强化工作经费保障等方面作出明确规定，致力于最大限度地把新就业形态劳动者组织到工会中来。

2022 年 11 月，全国总工会又面向快递员、外卖员、网约车司机、货车司机等新就业形态劳动者开展专项服务行动，下发《关于开展 2022 年“新就业形态劳动者温暖服务季”活动的通知》，从 2022 年 11 月到 2023 年 1 月，聚焦新就业形态劳动者最关心最直接最现实的需求，健全完善新就业形态劳动者权益保障机制，帮助解决急难愁盼的实际问题。活动期间，各级工会因地制宜、整合资源、创新手段，针对新就业形态劳动者所需所盼，开展了一批新就业形态劳动者关爱服务项目，涉及送文化、送健康、送保障、送温暖、送岗位、送技能等各方面。比如，联合相关企业开展“暖途行动”货车司机、网约车司机专项温暖行动，举办“小蜜蜂杯”快递职工才艺大赛，启动外卖配送行业“会站家”一体化建设，针对女性新就业形态劳动者开展两癌筛查和健康关爱等一系列关心关爱行动。联合企业在全国范围内发放保暖围脖、挡风车把手套、保暖护膝等防寒保暖物资，面向有实际家庭困难的优秀外卖配送员、快递员等群体开展送温暖慰问。同时，切实发挥工会帮扶（服务）中心、户外劳动者服务站点等基层帮扶服务站点作用，依托园区、楼宇、商圈和社会机构等，建立新就业形态劳动者服务联合体，为新就业形态劳动者提供骑行换电、车辆维修、护具配备等生产性保障，以及饮水用餐、如厕、取暖等生活性服务，精准服务新就业形态劳动者。此外，各级工会还联合公益慈善、爱心企业、志愿服务等公益伙伴，为新就业形态劳动者群体开展专业化、精细化、社会化服务，在全社会营造尊重关爱新就业形态劳动者的良好氛围。

回到今年发布的“三年行动计划”，工会部门对新就业形态劳动者的未来送上了更加系统、更加长远的关爱和安排。比如在邀请新就业形态劳动者入会方面，它明确提出3年累计达到1000万人入会，平均每年新发展新就业形态劳动者会员300万人以上，基本实现工会组织对平台企业、头部企业和新就业形态劳动者全覆盖。对新就业形态劳动者关注的劳动收入、职业发展、社会保障、职业安全等问题，该计划也作出了积极回应，包括加强法律保障，开展新就业形态就业人员职业伤害保障试点，提供公益性法律服务；突出平台企业主体作用，着力推进新就业形态劳动者权益协商协调机制建设，探索创新与平台企业相适应的民主管理工作内容、方法和机制；提高服务水平，持续开展“新就业形态劳动者温暖服务季”活动，推行网上普惠服务精准化，推进工会服务站点双 15 工程、“司机之家”等服务阵地建设，设立“关爱新就业形态劳动者”公益项目等。此外，全国总工会还通过中央财政专项帮扶资金设立了 19 类解决职工困难的帮扶项目，其中聚焦新就业形态劳动者的有大病帮扶、困难帮扶、生活服务、健康服务和法律服务等方面的项目，并联合基金会、慈善机构、爱心企业为新就业形态劳动者提供包括家庭生活、教育、文化等方面的服务。

作为受邀的地方工会组织负责人，我有幸参加了“关爱新就业形态劳动者”专题新闻发布会。会上发布了一些关爱政策和工会组织这些年采取的关爱举措，我们可以从中深深感受到工会对新就业形态劳动者工作和生活的满满诚意。在这些政策的加持下，我们新就业形态劳动者的未来肯定会越来越好。比如，针对新就业形态劳动者普遍关心的收入及岗位的稳定性、社会保险缴纳、户外劳动安全和身体健康等权益保障问题，全国总工会正推动社会保险制度的改革，近期部分省份在实施职业伤害保险试点工作，各级工会还将推动建立完善协调协商制度，引导企业履行责任，把企业对职工权益的保护以及企业对职工的关心关爱作为履行社会责任的标准和指标。

以上，我粗略地向大家介绍了工会组织的部分关爱政策，具体细节大家可以上网搜寻或向当地工会部门咨询。同时，除了工会的关爱政策，人社和交通、邮管等相关部门也出台了不少关爱政策。这些政策都与各位的未来发展息息相关，如果你有兴趣，可以在网上搜索相关内容，了解个大概，然后再具体向当地政府职能部门咨询。古话讲，好问近乎智。对不熟悉的情况，多问问，不吃亏，说不定哪条信息自己可以用到，甚至改变自己的命运。

你的朋友 耿师傅

2023 年 8 月 5 日

第十一封信 11

我为人人，人人为我

我为人人，人人

亲爱的朋友：

你好！

今天，我想和你谈谈互帮互助这个话题。在此之前，我先给大家分享一个工作中遇到的小故事。在吸纳大家入会过程中，我的同事曾给我提出一个问题。他问，在大家没有入会之前，工会部门是否应该为大家提供服务呢？他的理由是，工会经费来自工会会员，应该用在会员身上，新就业形态劳动者在没有入会前，还不是会员，就不能享受工会服务。这似乎是对的，但转念一想，似乎又有不对的地方。因为没有工会服务，大家又怎么知道工会的好处、愿意加入工会呢？我把它比喻为入会领域的

“鸡生蛋，还是蛋生鸡”问题。

如果你遇到上面的问题，你会怎么选择呢？我的选择是，主动服务，打破僵局，互帮互助。也正因为迈出了这关键的一步，我们才有了后面“耿师傅”的许多故事，也才有了许多新就业形态劳动者主动加入工会组织的故事。其实，就我个人价值取向来说，我个人十分推崇互帮互助这个价值观。在前面的信件中，我曾向你分享，在参加厦门马拉松赛事时，自己因参与救人获评厦门“见义勇为”称号和“中国好人”荣誉的故事。直到现在，只要有机会，在报名参加跑马拉松赛事时，我都会积极报名参加盲人马拉松选手的陪跑小组，帮助他们完成心中的梦想。在近几年的疫情防控中，我也积极参加社区疫情防控的志愿服务。这些不求回报的付出，让我跳出了自身利益的桎梏，收获到了满满的幸福感，在帮助他人的过程中也帮助自己实现了精神的成长。

互帮互助，说得通俗一点，就是“我为人人，人人为我”，每个人在成人之美中实现了更大的人生价值。我想起一个小故事，它的内容大概是这样的，说有个人很好奇天堂和地狱的差别，天使就带他去参观这两个地方，他们先到了地狱，地狱里的人一个个愁眉苦脸，因为他们手里的勺子都有一米多长，面对丰盛的美食，自己根本吃不到嘴里，只能眼巴巴地看着；他们又到了天堂，天堂里的人拿的勺子也都有一米多长，但他们一个个却喜笑颜开，因为他们都在用对方的勺子相互喂着吃，在帮助他人的过程中也成全了自己。

如果我们对工会的历史有所了解，你应该知道，工会组建的初衷就是工友们联合起来、互帮互助，维护自身合法权利，寻求更大更公平的发展空间。所以，职工互帮互助是工会一直以来的传统，也曾有人对此做过系统总结，把职工的互帮互助归纳为三个方面，即劳务互助、经济互助和专项互助。目前，就各地工会参加较多且影响较广的互助形式来说，职工互助互济会是其中的一个重要方面。在全国层面，它叫中国职工保险互助会，成立于 1993 年，是依托中华全国总工会，以互助互济方式为职工提供保障服务的非营利性法人组织。其前身大家想必都有所耳闻，叫互助救济金，就是由工会组织职工捐款或单位出资建立的一个互助救济基金，用于职工遇到家庭灾难或大病时的救急资金，有借有还。为适应新形势，全国总工会在学习新加坡等外国经验的基础上，结合国情，把这一互助互济方式常态化、制度化，真正急职工之所急、想职工之所想，用于缓解职工因意外、大病或住院对家庭造成的经济压力。今年6月28日，全国职工互助保障组织提质扩面工作会议在贵阳召开，截至2022年，全国职工互助保障活动参保人数已达5226万人次，并明确在2025年达到8000万人次，建立“事前有预防、事中有补偿、事后有救助”的会员服务体系。如果你有兴趣，欢迎加入工会大家庭，成为其中的一员。

除了参加工会内部的互助互济活动，我们也可以积极参加各种社会公益及志愿服务活动。事实也反复证明，我们新就业形态劳动者群体从来不缺急公好义的有识之士。今年6月，杭州外卖小哥彭清林跳江救人就是其中的典型。在送餐途中，他看到一名年轻女子从桥上一跃而下，生死关头，面对12米高的江面，没过多犹豫，跳入钱塘江，游到了该女子身边，对其展开救援。据了解，高台跳水的安全极限是 10 米，对没有受过专业跳水训练的彭清林来说，无疑冒着巨大的生命危险。事后也证明了这一跳的危险，他被诊断为胸椎压缩性骨折，住院接受治疗。他舍己为人的举动，也得到了社会各界的广泛赞誉和真诚回报。杭州市政府给予见义勇为事迹特别突出的彭清林记二等功的行政奖励，这也是杭州市政府的最高级别奖励。他还获得了所在平台的 5 万元奖励，以及免费上大学的名额和纳入储备站长名单的资格。从他身上，我们真切看到了“我为人人，人人为我”的真义。

我们熟知的雷锋曾就“一滴水”有个经典表述，他说：“一滴水只有放进大海里才永远不会干涸，一个人只有当他把自己和集体事业融合在一起的时候才最有力量。”这不就是“我为人人，人人为我”的生动体现吗？雷锋是这么说的，也是这么做的。所以，他的事迹即便过去了几十年，仍然为大家所称道，今后也会被大家所铭记。传承是最好的记忆。在今年学习雷锋精神期间，我曾经帮助过的网约车司机主动找到我们，希望成立网约车志愿服务队。他们的举动正合我意，因为今年正好是学习雷锋精神 60 周年。于是，我们在 3 月 5 日学雷锋日当天，举办了成立仪式，并给志愿服务队取名为“会心汇意”网约车志愿服务队，就是希望广大网约车司机在工会组织的用心服务和引导下，为他人尽一份心意，为助力社会发展汇聚民心民意。成立当天，我们就去福利院对老人和儿童进行了现场慰问活动。在“泰州市胡瑗读书节”期间，志愿服务队收到残联通知，得知全国各地的 16 位盲人朗读者来泰采风，他们主动安排车辆参与接送服务。

今年的中考和高考期间，志愿服务队还参加了爱心送考活动，而这只是他们助人自助的一个开始。

“会心汇意”网约车志愿服务队，事后收到了残联的感谢信。参与其中的一位司机朋友专门发信息给我，对我说：“收到这封感谢信比他们赚到钱还要高兴。”看到这些改变，我由衷地为他们感到高兴和自豪。我记得有首老歌，其中有句歌词是“只要人人都献出一点爱，世界将变成美好的人间”。借此，与你共勉。

你的朋友 耿师傅

2023 年 8 月 12 日

第十二封信 12

成为新时代的主力军

XX讲师

亲爱的朋友：

你好！

时间过得真快，一转眼，我已经给你写了 11 封信了。今天是最后一封信，我想和你聊聊争当新时代主力军这个话题。其中缘由，且听我为你细细道来。

“咱们工人有力量……每天每日工作忙……盖成了高楼大厦，修起了铁路煤矿，改造得世界变呀变了样……”一代代劳动人民唱着这首心底的歌，迎来新中国，走进新时期，迈入新时代。我们可以从中清晰地看到，我国工人阶级和广大劳动群众从来与国家前途、民族命运休戚与共，是推动国家富强、民族复兴的主力军。我们党成立后作出的第一个决议，就明确中心工作是领导、组织和推进工人运动。在新民主主义革命时期，党依靠工人阶级进行武装斗争，工人阶级围绕争取民族独立、人民解放浴血奋战，为推翻帝国主义、封建主义、官僚资本主义三座大山建立了历史功勋；在社会主义革命和建设时期，党依靠工人阶级进行社会主义革命、推进社会主义建设，工人阶级坚决响应党的号召，以极大的政治热情和革命精神，为建立和巩固人民当家作主的新政权、建立起独立完整的工业体系和国民经济体系创造了不朽业绩；在改革开放和社会主义现代化建设新时期，党依靠工人阶级推进现代化建设，工人阶级识大体、顾大局，踊跃投身经济社会建设，自觉维护安定团结的政治局面，为坚持和发展中国特色社会主义发挥了重要作用。

中国特色社会主义进入新时代，在党的坚强领导下，工人阶级坚定不移沿着习近平总书记指引的方向，围绕全面建成小康社会、实现第一个百年奋斗目标团结奋斗，为党和国家事业取得历史性成就、发生历史性变革作出了重大贡献。当前，我们新就业形态劳动者已达 8000 多万人，每 5 位职工中就有 1 位新就业形态劳动者。在工人阶级为国家富强、民族复兴作出的伟大贡献中，我们新就业形态劳动者作出了自己应有的贡献。特别是三年抗疫期间，无数的外卖小哥、快递小哥、货车司机、网约车司机，他们一人一车，奔忙在抗疫的路上，全力保障城市物资供应和人民的正常生活，为打赢疫情防控战役作出了特殊贡献。而今，我们又迈上了以中国式现代化全面推进中华民族伟大复兴的新征程。高质量发展是中国式现代化的本质要求之一。

数字经济是高质量发展的新引擎，正以前所未有的速度、范围和影响，推动着生产方式、生活方式、治理方式发生深刻变革，不断促进公平和效率更加统一。我们新就业形态劳动者伴随着平台经济、共享经济的蓬勃兴起应运而生、不断壮大，已经成为助力数字经济发展的重要力量。奋进新征程、建功新时代，我们广大新就业形态劳动者展现主力军作为，正当其时，理应大显身手。

党作为工人阶级的先锋队，也是我们新就业形态劳动者的先锋队。向党组织靠拢，听党话、跟党走，是我们新就业形态劳动者首先要做好的一件事。各级党委政府也正积极出台政策，着力让大家感受到党组织的真心真情，推动想就业的有路径、已从业的有保障、想转型的有能力。其中一个重要方面就是对大家傍身技能的关心重视。比如，

2010 年以来，全国总工会在全国开展了旨在为培训人员提供高质量的培训和就业服务的“技能培训促就业行动”，并协调相关部门对参与培训的劳动者给予资格认证。2021 年 7 月，《中华全国总工会关于切实维护新就业形态劳动者劳动保障权益的意见》中明确指出：“针对新就业形态劳动者职业特点和需求，开展职业教育培训、岗位技能培训、职业技能竞赛等活动，推动新就业形态劳动者职业素质整体提升。”各地工会纷纷响应。比如，福建省总工会以加强政治引领、关心关爱、团结凝聚为目标，启动新就业形态劳动者技能大赛，搭建淬炼技能的舞台，破解“成才瓶颈”“成长烦恼”，促进新就业形态劳动者全面发展、实现更高质量的就业。再比如，甘肃省总工会为 5000 名以上新就业形态工会会员开展专项技能、健康保健、职工互助保障等知识培训，重点解决新就业形态劳动者普遍缺乏相关职业技能培训和资质，而导致就业不稳定、职业发展通道受限等现实问题，建立健全新就业形态劳动者职业技能提升的支撑体系。北京、上海、天津等地还纷纷出台政策，将快递工程专业纳入职称评审范围。

历史和现实反复证明，我们党与广大工人阶级包括新就业形态劳动者血脉相连，命运与共。工会作为党联系大家的桥梁纽带，就是专门为大家服务的职工群众组织。我们再次呼吁，如果你没有加入工会组织，请尽快加入工会大家庭；如果你已经加入工会组织，努力向咱们队伍的先锋队党组织看齐，争取早日加入党组织，发挥先锋模范作用。人民创造历史，劳动开创未来。我们是人民中的一员，我们也是劳动群众中的一员，我们新就业形态劳动者必将弘扬主人翁精神、发挥主力军作用，在新时代新征程中创造历史、开创未来。

纸短情长。亲爱的朋友，在开始向你写信的时候，我的计划是写十二封信，真心希望通过阅读这十二封信，能让你有所收获。

让我们暂时告别，期待我们在工会这个大家庭里再次相见。让我们和时代一起奔跑，一起奋斗，一起走向未来，一起去创造和追求属于我们的幸福美好生活。

你的朋友 耿师傅

2023 年 8 月 19 日